TRAVELING LEAVES YOU SPEECHLESS. THEN TURNS YOU INTO A STORYTELLER.

– Ibn Battuta –

D1676966

Dieses Buch gehört:

- [ ] ....
- [ ] ....
- [ ] ....
- [ ] ....
- [ ] ....
- [ ] ....
- [ ] ....
- [ ] ....
- [ ] ....
- [ ] ....
- [ ] ....
- [ ] ....
- [ ] ....
- [ ] ....
- [ ] ....
- [ ] ....
- [ ] ....
- [ ] ....
- [ ] ....
- [ ] ....
- [ ] ....
- [ ] ....
- [ ] ....
- [ ] ....
- [ ] ....
- [ ] ....
- [ ] ....
- [ ] ....
- [ ] ....
- [ ] ....
- [ ] ....
- [ ] ....
- [ ] ....
- [ ] ....
- [ ] ....
- [ ] ....
- [ ] ....
- [ ] ....
- [ ] ....
- [ ] ....
- [ ] ....
- [ ] ....
- [ ] ....
- [ ] ....
- [ ] ....
- [ ] ....

- [ ] ....
- [ ] ....
- [ ] ....
- [ ] ....
- [ ] ....
- [ ] ....
- [ ] ....
- [ ] ....
- [ ] ....
- [ ] ....
- [ ] ....
- [ ] ....
- [ ] ....
- [ ] ....
- [ ] ....
- [ ] ....
- [ ] ....
- [ ] ....
- [ ] ....
- [ ] ....
- [ ] ....
- [ ] ....
- [ ] ....
- [ ] ....
- [ ] ....
- [ ] ....
- [ ] ....
- [ ] ....
- [ ] ....
- [ ] ....
- [ ] ....
- [ ] ....
- [ ] ....
- [ ] ....
- [ ] ....
- [ ] ....
- [ ] ....
- [ ] ....
- [ ] ....
- [ ] ....
- [ ] ....
- [ ] ....
- [ ] ....
- [ ] ....
- [ ] ....
- [ ] ....
- [ ] ....
- [ ] ....

☐ ....
☐ ....
☐ ....
☐ ....
☐ ....
☐ ....
☐ ....
☐ ....
☐ ....
☐ ....
☐ ....
☐ ....
☐ ....
☐ ....
☐ ....
☐ ....
☐ ....
☐ ....
☐ ....
☐ ....
☐ ....
☐ ....
☐ ....
☐ ....
☐ ....
☐ ....
☐ ....
☐ ....
☐ ....
☐ ....
☐ ....
☐ ....
☐ ....
☐ ....
☐ ....
☐ ....
☐ ....
☐ ....
☐ ....
☐ ....
☐ ....
☐ ....
☐ ....
☐ ....
☐ ....
☐ ....
☐ ....
☐ ....

Printed in Poland
by Amazon Fulfillment
Poland Sp. z o.o., Wrocław

31435850R00065